lecturas modernas

Frente al espejo

Liani Moraes
Versión: Cristina Peralta

© Liani Moraes, 2006

SANTILLANA ESPAÑOL

Dirección: *Paul Berry*
Gerencia editorial: *Sandra Possas*
Coordinación de revisión: *Estevam Vieira Lédo Jr.*
Coordinación gráfica: *André Monteiro, Maria de Lourdes Rodrigues*
Coordinación de producción industrial: *Wilson Aparecido Troque*

Proyecto editorial: *Daisy Pereira Daniel*

Edición: *Daisy Pereira Daniel*
Corrección: *Letras e Ideias Assessoria em Textos Ltda.*
Diseño gráfico: *Ricardo Van Steen Comunicações e Propaganda Ltda. / Oliver Fuchs (Adaptado por Christiane Borin)*
Coordinación de arte: *Christiane Borin*
Ilustración: *Cristiano Siqueira*
Maquetación: *Formato Comunicação Ltda.*
Preimpresión: *Helio P. de Souza Filho; Marcio H. Kamoto*
Redacción de actividades: *Isabel Maria Gomes da Silva*
Impresión: *Log&Print Gráfica e Logística S.A.*
　　　　　Lote: *770796*
　　　　　Código: *12046290*

Dados Internacionais de Catalogação na Publicação (CIP)
(Câmara Brasileira do Livro, SP, Brasil)

Moraes, Liani
　　　Frente al espejo : nivel 3 / Liani Moraes ; versión Cristina Peralta y Bañon. — 1. ed. — São Paulo : Moderna, 2005. — (Lecturas moderna)

　　　Inclui suplemento para o professor.

　　　1. Literatura infanto-juvenil em espanhol
I. Bañon, Cristina Peralta y. II. Título. III. Série.

05-2575　　　　　　　　　　　　　　　　CDD-028.5

Índices para catálogo sistemático:
1. Literatura juvenil em espanhol　028.5

ISBN 85-16-04629-X

Reprodução proibida. Art. 184 do Código Penal e Lei 9.610 de 19 de fevereiro de 1998.

Reservados todos los derechos.

Quedan rigurosamente prohibidas, sin la autorización escrita de los titulares del «Copyright», bajo las sanciones establecidas en las leyes, la reproducción total o parcial de esta obra por cualquier medio o procedimiento, comprendidos la reprografía y el tratamiento informático, y la distribución de ejemplares de ella mediante alquiler o préstamo públicos.

SANTILLANA ESPAÑOL
SANTILLANA EDUCAÇÃO LTDA.
Rua Padre Adelino, 758, 3º andar – Belenzinho
São Paulo – SP – Brasil – CEP 03303-904
www.santillanaespanol.com.br
2023

Impresso no Brasil

Termina un día más de clase. Sola, Cristina camina por la calle, en dirección a la estación del metro. Tras ella, el ruido de las conversaciones y carcajadas de los alumnos que salen de la escuela en grupos. Muchos de sus compañeros también cogen el metro, pero nadie la llama para que se una a ellos.

A Cristina le gustaría mucho sentirse aceptada por el grupo. Solo se siente a gusto con Mercedes, que, igual de tímida, no atrae la atención de los chicos, aunque sea buena alumna y… delgada.

Cris sabe que, cuando los chicos conversan en voz baja, entre risitas, hablan de ella: de su altura, de su gordura, de su forma de ser desgarbada. Aunque finja que no le importa, le afecta. Un dolor oprime su pecho: el del rechazo.

Llegar a casa es siempre un alivio para ella. Después de la cena puede encerrarse en su habitación y olvidar, por algunos momentos, que es grandota, poco elegante, gorducha, sosa.

Incluso cuando está con la familia, esa sensación de incomodidad no la abandona. Todas las atenciones de los padres recaen sobre su hermana Laura, que, a los diecinueve años, está en el auge de la belleza: es delgada, alta, tiene ojos color miel como los de la madre. Cristina tiene ojos azules como los del padre y, cuando quieren elogiarla, se refieren a ellos, como si ella no tuviese nada más de lo que enorgullecerse.

Laura, estudiosa, esbelta y guapa, estudia segundo de Derecho. Nada llenó más de orgullo a los padres que el hecho de que la hija siguiera la misma carrera que ellos. Ella es cariñosa con Cristina, pero está muy ocupada. Cuando no está en la facultad o estudiando, hace *ballet* moderno, su pasión, y los fines de semana sale con Rubén, el novio de los últimos tres años, o con un grupo de amigos. Cuando el teléfono suena, Cristina sabe que no es para ella. Las llamadas e invitaciones que la hermana recibe son innumerables.

Cristina no siente envidia de la hermana. Siente orgullo de ella y se vanagloria cuando la elogian. El problema es que, al mirar a Laura, Cristina ve aquello que desearía ver en el propio espejo. Y siempre se pregunta si un día se parecerá un poco a la hermana.

Por la noche, en la cama, Cristina sueña con los ojos abiertos. Se levanta, abre el armario y se mira en el espejo. Sonríe al imaginarse delgadísima, elegante, piel impecable, con ropa bonita, todo le queda maravillosamente bien. En su imaginación, se ve con jerseys cortos, que revelan centímetros preciosos de una barriga firme, sin estrías ni celulitis. Cierra los ojos y continúa soñando. Los chicos del colegio la miran cuando pasa; algunos le dicen piropos, otros la elogian y la invitan a salir.

Así, ante el espejo, Cristina piensa en la profesión de sus sueños: modelo. Sueña con poder desfilar, viajar, ser admirada, aparecer en revistas de moda y de famosos.

Al abrir los ojos, la Cristina que la encara en el espejo no es la misma de sus sueños. Es aquella con la que tiene que convivir todos los días; la misma con la que duerme y se despierta y a quien los compañeros no se aproximan.

Durante la cena, la madre pone cara de desaprobación siempre que ella repite plato.

—Cris, necesitas controlarte. Ya estás demasiado gorda. ¿Por qué no comes ensalada y verduras como tu hermana? Y tienes que dejar de comer chocolate en la escuela. ¿De qué te sirve ir al dermatólogo si comes todo lo que se te pone delante?

No muy lejos del edificio donde vive Cris, Mateus se revuelve en la cama sin conseguir dormir.

Delgado y alto, Mateus siempre fue un chico flaco. Mientras los chicos de su grupo exhiben músculos de envidiar, él se avergüenza de los brazos y piernas demasiado finos para su estatura.

—Eso no tiene importancia, Mateus —dice la madre—. Has crecido mucho y muy deprisa, hijo. Tus músculos todavía no se han desarrollado.

Pero las palabras de la madre no lo convencen. Por eso, ha resuelto frecuentar un gimnasio. Después de algunas semanas haciendo ejercicios, los resultados no son aquellos que esperaba.

Un día, lo aborda en la calle un chico alto y fuerte, que conoció en la sala de musculación.

—Tío, veo que te esfuerzas. Pero no basta solo con el esfuerzo —dice sonriendo.

—¿Qué quieres decir? ¿Eres profesor de Educación Física? —le pregunta Mateus.

—No. Mi nombre es Roberto. Soy apenas un atleta aficionado, que practica fisiculturismo.

—Se te nota. ¿Pero qué has querido decir con "solo con el esfuerzo no basta"?

—Si quieres realmente aumentar tu porte, peso y masa muscular, además de los suplementos de proteína, necesitas ayuda medicamentosa —le dice Roberto, mientras caminan.

—¿Qué tipo de ayuda medicamentosa?

—Bueno... Conozco a unos tipos en el gimnasio que venden unos comprimidos fantásticos. Si quieres, puedo conseguirte algunos. Te los tomas durante dos semanas y, si te gustan, te los ofrezco, por un precio accesible, claro.

—¿Y no hay ningún riesgo?, quiero decir... ¿para la salud?

—¡En absoluto! Mucha gente los toma. Un comprimido por día es suficiente. En época de competición, yo tomo dos, pero solo durante cortos períodos. Puedes creerme, es seguro. Y vas a ver los resultados —completa Roberto.

Mateus piensa mientras se siente acomplejado y resuelve aceptar.

—¡De acuerdo! Creo que voy a probarlos.

—No tengas miedo, Mateus. Verás el cambio que va a ocurrir. ¡Y en poco tiempo! Apuesto que tendrás mucho éxito con las chicas. Tus compañeros de clase también van a morirse de envidia. Pero no se lo cuentes a nadie, ¿vale? Es que ese medicamento necesita receta... Sabes cómo funciona, ¿no?

Se despiden en la esquina. Roberto promete entregarle los comprimidos dentro de dos días.

Para Cristina, el sueño de todas las noches persiste. Sueña que está delgada y elegante, que es elogiada por todos y envidiada por las compañeras. Ya ha intentado todos los regímenes del mundo, pero nunca ha conseguido seguir ninguno hasta el final. En mitad de la noche es común que se despierte hambrienta y corra hacia la nevera. Después vuelve a la cama sintiéndose tan culpable que le cuesta dormirse de nuevo. El otro día, la misma vieja historia: ya que ha acabado con el régimen, vuelve a comer como antes. En vísperas de prueba, la ansiedad le hace comer más todavía.

En clase, todos saben que Carla y Suzana, dos chicas delgadas y guapas, también desean ser modelos y recorren, incansables, las agencias. Incluso ya se han publicado sus fotos en revistas para adolescentes. Carla, la más alta, posa regularmente para un catálogo de ropa y accesorios. Suzana, la líder del grupo de las guapas, nada simpática, siempre hace comentarios desagradables sobre los compañeros de clase, como los chicos que no tienen cuerpos musculosos y bronceados y las chicas que no pertenecen a su propio patrón de belleza, o sea, Cristina, Mercedes, Ivana, Rita, Luz —un grupo de jóvenes menos privilegiadas por los atributos físicos, que no despiertan ni interés ni compasión en los compañeros.

Un día, Ivana le presta a Cris una revista. Un artículo sobre una nueva dieta, la favorita de las modelos *teen* extranjeras, llama su atención. Ella sabe que aquella revista no ha llegado a sus manos por casualidad. Algunas páginas más adelante, lee un reportaje sobre un concurso para modelos *teen*, promovido por una conocida agencia, que tendrá lugar dentro de cuatro meses.

Impulsada por su sueño de desfilar, Cris piensa que si realmente consiguiese adelgazar podría participar en el concurso. Lee el reportaje de nuevo. La tentación es enorme. ¡Tal vez esté allí su gran oportunidad!

Mirando en la revista las fotos de las modelos delgadas y elegantes, siente que necesita hacer algo. Lee nuevamente el artículo sobre la dieta, subraya los puntos más importantes, y decide: esta vez, ¡no puede fallar! Mira el reloj. Son las 11:30. Se levanta, coge su agenda y comienza a escribir.

Hoy, 18 de abril, a las 11:30 de la noche, doy el primer paso de los muchos que me conducirán a la realización de mi sueño: ser delgada, elegante y modelo famosa. Quiero estar en forma para participar en el concurso. ¿Quién sabe si no seré una de las diez chicas clasificadas? ¿Quién sabe...? Cuando sea conocida, no permitiré que el éxito me suba a la cabeza. Prometo ser humilde y no despreciar a las chicas gorditas. Apareceré en revistas (en "Antes y Después") y, al dar entrevistas, animaré siempre a otras chicas que no estén en forma a que sigan seriamente una dieta que las conduzca del infierno al paraíso.

Cris abre la puerta del armario, se desviste y se mira en el espejo. Quiere mirar, tal vez por última vez, aquel cuerpo que tanto la ha hecho sufrir. La "grandullona desastrada" dice adiós a aquella imagen y sonríe a la modelo que comienza a nacer allí. Una voz dentro de ella, sin embargo, insiste en decir: "¡Pretensiosa! ¿No ves que eso no es para ti?". Le resbalan lágrimas por la cara. Se va a la cama y hunde la cabeza en la almohada. ¡Basta de pesadillas! Es hora de soñar.

A la mañana siguiente comparte su secreto sobre el concurso y la nueva dieta con Rita, Ivana, Mercedes y Luz. Las chicas comentan que están notando que Luz está más delgada y le preguntan qué ha hecho. Luz explica que, además de hacer dieta, ha empezado a hacer gimnasia, allí cerca de la escuela. Cris se anima con la idea. Quiere conocer el gimnasio.

Al día siguiente, después de las clases, a camino del gimnasio, Luz le hace una confidencia a Cris.

—No digas nada a nadie, Cris, pero además de la dieta y los ejercicios, también tomo unos comprimidos que una amiga del gimnasio me recomendó. Es una fórmula desarrollada por un médico y, como puedes ver, funciona muy bien.

—¿Pero no es necesario tener receta?

—En realidad, sí. Pero la hermana de mi amiga consigue los comprimidos de un amigo suyo. Tú también podrías tomarlos. No son muy caros. Por los beneficios que producen, creo que incluso son baratos —responde Luz en tono animador.

—¿Pero cómo voy a conseguir el medicamento?

—No te preocupes. Yo te lo encargo.

—Creo que voy a probarlo. Estoy necesitándolo de verdad, ¿no crees?

—Entonces, te lo llevo a la escuela. Al principio vas a tomar uno en cuanto te levantes por la mañana. Después de una semana, uno por la mañana y otro por la noche.

—Vamos a entrar enseguida, Luz. Quiero matricularme ahora mismo.

—Adoro a las chicas decididas —dice Luz, con una sonrisa.

Hace diez días que Mateus comenzó a tomar el medicamento. Se siente un poco alterado, pero nota que su cuerpo ya comienza a modificarse. Está ganando músculos. Animado, pasa a frecuentar más veces el gimnasio. Ahora su único foco de atención es el cambio físico que espera alcanzar. Esconde en el fondo del armario el frasco de comprimidos sin identificación, para que la madre no lo encuentre. Todas las mañanas, toma un comprimido con el batido y un suplemento proteínico en polvo, vendido en el propio gimnasio. Ya no siente tanta culpa. Al mirarse en el espejo, nota que incluso su postura está mejorando. Está más seguro, aunque sienta la boca amarga y tenga el sueño agitado.

Para Cris, los primeros días de la nueva dieta son terribles. Se siente débil y todavía se despierta por la noche, loca de ganas de comer. Pero resiste, segura de que pronto verá los resultados.

La madre está exultante con la iniciativa de la hija de seguir seriamente una dieta y de frecuentar un gimnasio. Está claro que Cris mantiene el secreto sobre la fórmula adelgazadora que está tomando. No tiene valor de contárselo ni siquiera a Laura. Muy correcta, la hermana seguramente la reprobaría.

Otra pesadilla, para Cris, ha sido comenzar la actividad física. Principalmente porque comenzaba a sentirse débil y hambrienta. Sin hablar de la vergüenza que tenía del propio cuerpo. En el gimnasio, nada de ropa *fashion*, moda obligatoria para las chicas que hacen ejercicios. Escogió un *legging* negro y una camiseta talla XL para cubrir el cuerpo con holgura. Un estilo bien diferente del de aquellas chicas superdelgadas y en forma que Cris nunca entendió bien qué iban a hacer allí.

En la sala de los aparatos, varios chicos también hacen ejercicios. En su mayoría, exhiben cuerpos envidiables. De modo general, nadie se saluda por allí. Un día, uno de los chicos que hace musculación sonríe discretamente a Cris. Aparenta ser tímido, pero días después ya arriesga un "hola" cuando se cruzan entre un aparato y otro. Él parece no cansarse nunca de los ejercicios, al contrario de ella, que se esfuerza para completar cada serie, intentando no demostrar su agotamiento. Las otras chicas casi no la miran y Cris tiene la sensación de ser una extraña en aquel templo de culto a la belleza y a la buena forma.

Tras algunas dosis del medicamento que Luz le proporcionó, Cris comienza a sentir la boca seca y a tardar para dormir. Se lo comenta a Luz, que la tranquiliza diciéndole que es normal. Con el paso de los días, ya es nítida su pérdida de peso. Ella casi no siente más hambre, pero está nerviosa. Incentivada por la amiga, pasa a frecuentar el gimnasio tres veces por semana, en vez de dos. Cree que, cansándose más, conseguirá dormir mejor.

Aquel chico tímido continúa saludándola discretamente. Parece estar más fuerte y atlético cada día que pasa y aparenta ser todavía más alto. Cris atribuye eso a los ejercicios de musculación que practica con tanto ahínco.

En casa, todos notan ya el cambio de Cris. La madre no esconde la satisfacción al ver a la hija más esbelta y feliz. Laura nota que la hermana está más nerviosa, hablando más rápido, como si estuviese siempre ansiosa. Le pregunta a Cris si está tomando algún medicamento. Ella disimula y jura que no. Dice que son los exámenes de la escuela que la ponen así de nerviosa.

En la escuela también todos ya observan a la nueva Cristina. Alta y de estructura grande, con la rápida pérdida de peso se revela una chica esbelta y de bonitos rasgos, que habían pasado desapercibidos durante tanto tiempo, ocultos por la baja autoestima y por el estigma del exceso de peso. Ahora Cris está más vanidosa. Antes, nunca se había sentido a gusto para comprar ropa, pues todos los modelos que estaban de moda revelaban detalles del cuerpo que deseaba esconder.

Después de algunas semanas, satisfecha con el resultado de su esfuerzo, Cris finalmente toma la decisión de inscribirse para el concurso. Al principio, los padres piensan en no dejarla participar. La madre teme que la hija se frustre en caso de que no se clasifique, pero, ante la insistencia de Cris, resuelve ceder y acaba convenciendo también al marido.

Cris sabe que todo en la vida tiene un precio. La ansiedad y la falta de sueño son el precio que está pagando para alcanzar su objetivo. Comienza a aparentar cansancio. Una mañana, la profesora de Historia la paró en el pasillo para elogiar su buena forma y le preguntó si estaba durmiendo poco, pues tenía unas ojeras enormes. Laura llegó a recomendarle un corrector para disimularlas. El padre atribuye el rápido adelgazamiento de la hija a los ejercicios y al proceso de crecimiento, pues Cris aparenta estar más alta de lo que era al principio del año. Ya mide cinco centímetros más que la hermana, lo que a veces le da un poco de vergüenza. Pero, enseguida, se siente reconfortada. Al fin y al cabo, las modelos tienen que ser altas. Incluso así, Cris tiene miedo de ser discriminada: solo falta ahora pasar de "grandona gorducha" a "jirafa delgaducha"!

Lo que más le molesta desde que comenzó la dieta, los ejercicios y la medicación, es la taquicardia que siente cuando camina rápidamente o hace un poco más de ejercicio, y que tarda en pasársele. Acostada en la cama, por la noche, muchas veces siente el corazón latir fuerte, y aquella sensación de boca seca que nunca la abandona, no importa cuanta agua beba.

El cambio de Cris es visible. Las guapas del aula cuchichean cuando ella pasa. Ahora las miradas ya no son de desprecio, sino una mezcla de indignación y superioridad, como si el Olimpo de la belleza estuviese reservado para pocas, como ellas, no permitiéndosele a Cris formar parte de aquel grupo especial.

En casa, Cacilda, la asistenta, también nota el cambio de Cris y reclama con la patrona:

—Esta niña está adelgazando mucho. Ayer no quiso almorzar. Hoy no quiere cenar...

De hecho, para acelerar el régimen, Cris ha decidido saltarse algunas comidas. Prácticamente no tiene hambre.
Cree que dejar de almorzar o cenar de vez en cuando no le hará ningún daño. Ya se ha acostumbrado a quedarse con una especie de vacío en el estómago, especialmente por la noche, y que no es hambre propiamente dicho. Si no fuese por la taquicardia, diría que está estupenda. En cuanto a las ojeras, nada que un buen corrector no resuelva. Y lo mejor de todo es la ropa nueva, comprada bajo la supervisión de Laura, y que cada día que pasa le queda más holgada. ¡Y todo eso en apenas dos meses!

Cris todavía no tiene valor de hablar a las amigas sobre el medicamento que Luz le proporcionó. Ellas elogian sin parar su fuerza de voluntad y su persistencia. Para ellas, la lección que Cris está dando al grupo liderado por Suzana es lo mejor de todo.

—Eres genial, Cris. Aunque no ganes el concurso, habrá valido la pena. Y ver a aquellas niñatas con cara de envidia es la mejor escena que podríamos ver —dice Rita, entusiasmada.

—¡Eres nuestra estrella, Cris! —completa Ivana.

—Mañana será otro —responde Cris.

Y todas empiezan a reírse.

En la clase, el alboroto entre las "guapas" es grande al saber que Cris también participará en el concurso dentro de dos meses. Cierto día, tres de ellas la paran en el pasillo, después del intervalo.

—Hemos oído decir que tú también vas a participar, chica. ¿Tú no te miras al espejo? ¡No es la simple pérdida de unos kilitos que te hace apta para ser modelo! ¡Eres atrevida de verdad, chica! —dice Suzana, con aire de superioridad.

Cristina comienza a balbucir una respuesta, pero sus labios tiemblan, y no consigue decir nada más.

Las chicas se alejan, riéndose. Cris no consigue contener el llanto y va al baño. La última cosa que desea es que los compañeros la vean llorando.

Ivana y Mercedes se enteran de lo ocurrido y animan a Cris a continuar.

—¿No vas a desistir ahora, solo por causa de esas chicas, no? Si yo fuese alta como tú, también participaría —dice Mercedes, indignada.

—Muéstrales a ellas que no son mejores que nosotras, Cris —completa Ivana.

Reconfortada, Cris decide seguir adelante. No importa que se burlen de ella. Ni que no se clasifique. Quiere probarse a sí misma que su esfuerzo ha valido la pena. Está más delgada y feliz. Siente náuseas de vez en cuando, y un poco de mareos también, además de la taquicardia ocasional, pero eso no debe ser nada importante. Tampoco ha menstruado en estos dos últimos meses, pero lo atribuye a la tensión, por causa del concurso que se aproxima. ¿Quién no estaría nerviosa en una situación semejante?

Luz continúa suministrándole la "fórmula mágica", como suele llamar al medicamento que toma y cuyo nombre desconoce. Lo que importa es que ha funcionado. Cada día que pasa siente menos hambre y cree que tal vez en breve ya pueda suspender esa medicación. Pero ahora, con la proximidad del concurso, no puede, de ninguna forma, correr el riesgo de engordar nuevamente.

Los ensayos para el concurso comenzarán la semana siguiente. Laura y su madre incentivan a Cris. El padre no consigue esconder que está orgulloso de la hija: belleza, al final, también cuenta, ¡y mucho!

El chico tímido del gimnasio continúa saludando a Cris a distancia, sonriéndole discretamente. De vez en cuando, ella tiene ganas de aproximarse y conversar con él, pero le falta valor. Cris nota que los músculos del chico están cada día más desarrollados. Él está abatido y parece también un poco triste, pero tal vez sea esa su forma de ser, piensa ella. Cris siente cierta atracción por los chicos tímidos y discretos como aquel y aborrece a los que se exhiben demasiado o son agresivos.

El chico tampoco deja de notar cómo ha adelgazado Cris. Y lo guapa que es. Se queda imaginando si un día tendrá valor de aproximarse a ella. Parece maja; es sencilla y bien diferente de las "pijas" del gimnasio. Qué pena que no lo mire mucho, ni siquiera ahora que está más musculoso y fuerte.

El primer día de ensayo, Ivana y Rita acompañan a Cris a la agencia. Suzana y Carla, que también van a participar en el concurso, pasan junto a ellas en el pasillo y simplemente las ignoran. En la sala de maquillaje, se mantienen alejadas, intercambiando risitas y cuchicheos. Cris resuelve ignorarlas también. Mirando alrededor, ve a tantas chicas guapas que casi se desanima. "Creo que no tendré ninguna posibilidad", piensa. Siente algún ánimo cuando el maquillador la elogia:

—De todas, tú eres la más alta, y ¡vales, niña! Todavía más con esos ojos claros y el pelo oscuro...

Los otros días de ensayo, Cris, más segura, ya va sola. Su dura rutina prosigue con las clases de la escuela, los ejercicios del gimnasio y la preparación para el concurso. Todo eso la está dejando exhausta. Pero tiene que aguantar, si quiere alcanzar su meta. A pesar de estar cansada, duerme poco y mal. Mirándose en el espejo por la noche, ve lo delgada que está. Pero piensa que la pérdida de uno o dos kilitos más le sentará mejor todavía.

La madre un día la reprende:

—Cris, creo que Cacilda y Laura tienen razón: estás exagerando con el régimen. Y eso puede no ser bueno. A ese ritmo, vas a ponerte enferma y, entonces, ¡adiós, concurso!

—¡Por Dios, mamá! ¡No digas eso! Me siento muy bien. Son Cacilda y Laura las que están exagerando. Parezco muy delgada porque soy huesuda. Solo eso —Cris responde a la defensiva.

Frecuentando el gimnasio todos los días, Cris se sorprende al notar que aquel chico que la saluda también entrena todos los días. Se pregunta si él ya habría sido gordo como ella y piensa que tal vez su simpatía sea apenas solidaridad con una exgorducha.

En el penúltimo día de los ensayos, Cris siente mareos y casi se cae de la pasarela. Al final, Myrta, la dueña de la agencia de modelos, le pregunta si está bien. Cris le garantiza que sí, pero Myrta insiste, diciendo que está muy pálida. Cris dice que no es nada, afirmando que lo que pareció un mareo fue apenas un desequilibrio causado por los tacones demasiado altos a los que no está acostumbrada. Suzana y Carla intercambian las miradas con un brillo de ironía en los ojos.

En casa, Cris resuelve tomar más agua que de costumbre y decide no saltarse ninguna comida hasta que pase el concurso, aunque coma solo ensalada. Si aquello sucediese el gran día, además de una gran vergüenza, sería motivo de regocijo para aquellas creídas.

En el aula, todos hacen comentarios sobre su delgadez. Nadie imaginaba que fuese tan guapa, escondida debajo de ropa ancha y con la cara lavada, como solía ir a la escuela antes. Ahora, usa un maquillaje suave, que le queda muy bien y le realza sus ojos.

Laura, sin embargo, desconfía que su hermana no está bien. Una noche va a la habitación de Cris y le pregunta qué está sucediendo.

—Nada. ¿Por qué? —responde Cris, intentando aparentar relajación.

—Adelgazas muy rápido y no pareces sana. Cacilda dice que no comes correctamente. Me parece bien que hagas dieta y ejercicios, pero sin exagerar, Cris. Ningún concurso justifica la pérdida de la salud.

—Tranquilízate, Laura. Estoy bien. Os estáis preocupando sin motivo. ¡Estoy estupenda! —responde Cris, intentando convencer a su hermana.

Lo que más le molesta a Mateus, además del nerviosismo y de la boca amarga, es sentir que está traicionando la confianza de sus padres. En la escuela, sus notas han empeorado mucho y su madre comienza a preocuparse. El próximo año tendrá que hacer exámenes para la universidad. Si no comienza a estudiar en serio, no tendrá ninguna oportunidad. Ya ha alcanzado su objetivo —bíceps, tórax y muslos bien desarrollados— pero no consigue saborear la satisfacción de haber logrado lo que tanto había deseado. Las chicas del aula empiezan a mirarlo con cierto interés; sin embargo, él se siente deprimido, con una sensación de angustia difícil de explicar. Está transpirando mucho últimamente y a veces se siente extenuado, incluso los fines de semana, tras una noche entera de sueño.

El último día de ensayo en la agencia, hay una pequeña audiencia formada por empleados, técnicos, peluqueros, maquilladores y algunos fotógrafos, que simulan el público presente el día del concurso. Cuando le llega el turno de desfilar, Cris sube a la pasarela, trémula. Apenas da dos pasos, cae desmayada. Cuando vuelve en sí en el camerino, ve a personas desconocidas a su alrededor. Las rivales de la escuela siguen el movimiento a distancia, sin demostrar mucho interés. Cris nota que alguien le sostiene la mano y la reconoce como una de las personas del público, una fotógrafa, tal vez... Al ver que Cris se recupera, las personas van alejándose. Apenas aquella mujer continúa a su lado. Ella se presenta como Leticia y se ofrece para llevarla a casa. Cris acepta. Las dos comienzan a conversar. Leticia parece leer sus pensamientos. Dice que sabe por qué ella se ha sentido mal; habla de su excesiva delgadez, de sus ojos hundidos, que ni siquiera el maquillaje fuerte consigue disimular, y le pregunta si ella toma algún medicamento. Cris no puede mentir. Al fin y al cabo, aquella mujer le inspira confianza.

En el camino, paran en una *delicatessen* para tomar un tentempié. A medida que se siente más a gusto con Leticia, Cris abre su corazón y se lo cuenta todo: le habla de su complejo por haber sido grande y gorda, de la hermana que agrada tanto a los padres, de lo buena alumna que le gustaría ser, de las chicas guapas que se burlan de ella y de otras adolescentes que no encajan en el prototipo de belleza establecido para las modelos.

—Sabes, Leticia, ser modelo es mi gran sueño. Por eso he hecho todo este sacrificio. En realidad, creo que he exagerado... es decir, estoy feliz por estar delgada, pero tengo taquicardia, siento la boca seca y no consigo dormir bien. Creo que es por causa de la fórmula que estoy tomando.

—¿Fuiste al médico cuando decidiste hacer esa dieta? —le pregunta Leticia.

—No. Es una dieta que leí en una revista. Al mismo tiempo, empecé a ir al gimnasio, y tomo comprimidos para adelgazar que una compañera me proporciona.

Leticia sostiene las manos de la chica y le explica que el modo como está llevando su dieta puede ser un riesgo para su salud. Pensando en el malestar que ha sentido en los últimos meses, Cris está obligada a concordar. Además, todo aquel sacrificio no ha conseguido que la aceptaran las compañeras, ni que pasase a frecuentar más fiestas o despertase el interés de los chicos.

Leticia, entonces, saca del bolso una tarjeta y se la entrega a Cris. Le explica que se trata de un médico especializado en alteraciones alimenticias y le anima a ir a consultarlo.

Mateus se despierta por la noche con un sudor frío. Su corazón está disparado. Está seguro de que el causador de todo aquello es el medicamento que está tomando. Ha cambiado su buena salud por músculos y un malestar generalizado. ¿Habrá valido la pena? Intenta levantarse para ir al baño a lavarse la cara pero, al ponerse en pie, siente un fuerte mareo, que lo obliga a sentarse de nuevo en la cama. La habitación gira a su alrededor y su corazón está cada vez más disparado. Nota que no está nada bien y llama a su madre. Al mismo tiempo, se promete a sí mismo que va a buscar un médico y que no va a tomar más el medicamento.

Cuando su madre llega a la habitación, Mateus está cubierto de sudor y casi no consigue hablar. Su padre viene inmediatamente. Piensan en llevarlo a un hospital. Le preguntan si ha tomado alguna droga. Mateus ya no consigue responder. La madre resuelve llamar al médico de la familia, que por suerte llega en pocos minutos.

Es tarde y los padres de Cris la esperan, preocupados. Por la agencia supieron que como no se encontraba bien una persona la había llevado a casa. A aquellas horas ya debía haber llegado. Algo muy grave estaba pasando.

De repente, la puerta se abre y Cris entra, abatida, con los ojos hundidos. Los padres se asustan al ver su aspecto. A pesar de los alertas de Laura, solo ahora han comenzado a darse cuenta de que, tan delgada y pálida, Cris realmente no puede estar bien. Abrazan a la hija, que comienza a llorar.

Con hipo, Cris empieza a liberar todos los sentimientos reprimidos durante tanto tiempo. Habla de su deseo de ser modelo, de agradar a los padres como la hermana, de sentirse aceptada y admirada por todos. Habla de la humillación por que siempre pasó en la escuela cuando era gorda e incluso después de haber adelgazado. Describe los sacrificios de la dieta; habla de las comidas que se ha saltado, del medicamento que está tomando, del exceso de ejercicios físicos que se ha impuesto; en fin, de todo lo que ha hecho en busca de su ideal de belleza. Les habla sobre el desmayo y sobre la mujer que la ha llevado a casa; habla de los consejos que le ha dado y del médico que le ha indicado.

La madre abraza a la hija y está de acuerdo con que, inmediatamente, pida una cita médica.

Al día siguiente, Laura y su madre acompañan a Cris a la consulta con el doctor Esteban.

Cris le cuenta al médico su historia. Después de oírla, él le dice que ella ha hecho la cosa más acertada al buscar ayuda profesional. Explica todos los hechos relativos a la anorexia nerviosa y a las dietas drásticas, y los riesgos de los ejercicios en exceso. Dice además que el medicamento que está tomando para adelgazar, como la mayoría de ellos, contiene anfetaminas y también diuréticos que desequilibran el funcionamiento del organismo.

El doctor Esteban le indica, entonces, a su asistente, una nutricionista que le proporciona una dieta equilibrada, además de explicarle hechos sobre dietas, pérdida de peso y nutrición.

El médico también le recomienda un tratamiento psicológico durante algún tiempo, hasta que recupere el equilibrio.

Cris le pregunta:

—Pero... ¿tendré tiempo para conciliar escuela, gimnasio, terapia y, además, para intentar la carrera de modelo?

—Cris, por ahora no podrás volver a tu antigua rutina. Debes ir a la escuela, frecuentar el gimnasio. Pero vas a tener que suspender la musculación. Debes ir a terapia semanalmente, a las consultas médicas mensuales al principio, y a la nutricionista, cada quince días —responde el médico, y añade—: Ya son actividades suficientes, ¿no crees? Tu salud será tu gran prioridad ahora.

Mateus les dice a sus padres que quiere quedarse a solas con el doctor Álvaro, que lo conoce desde niño, y se lo cuenta todo. El médico le explica qué son los esteroides anabolizantes que probablemente está tomando. Dice que efectivamente ayudan a aumentar el peso, la fuerza y la masa muscular; sin embargo, provocan serios efectos colaterales.

Mateus está derrotado. Se siente un perdedor. Pero más por la decepción que les ha causado a los padres que propiamente por los riesgos que ha corrido. Llama a los padres y, en presencia del médico, resuelve contárselo todo.

El doctor Álvaro intenta tranquilizarlos diciendo que la interrupción del uso de la droga permitirá que el organismo de Mateus se recupere y vuelva a funcionar normalmente. Solicita análisis de laboratorio y recomienda a Mateus que beba bastante líquido y que vuelva a su consultorio cuando los análisis estén listos. Dice también que un tratamiento psicológico en ese momento lo ayudará mucho y le recomienda una psicóloga, amiga suya.

—¿Puedo continuar yendo al gimnasio, doctor? —le pregunta Mateus, ansioso.

El médico le asegura que no necesitará dejar el gimnasio, siempre que haga ejercicios con moderación.

Algunas semanas después, Cris ya se siente mejor. Solo el hecho de conseguir dormir una noche entera y tener energía para levantarse de la cama por la mañana le hace estar segura de que tomó la mejor decisión.

En la sala de espera de la terapeuta, adonde va semanalmente, Cris encuentra al chico del gimnasio, que ya no veía hacía algún tiempo. Él le sonríe:

—¡Qué mundo tan pequeño! Mi nombre es Mateus. ¿Y el tuyo?

—Hola, Mateus. Yo soy Cristina. Somos compañeros de gimnasio, ¿no? Pero nunca tuvimos oportunidad de conversar.

—Fue culpa mía. Creo que soy muy tímido —dice él.

—Sí... Yo también.

Mateus, entonces, le habla a Cris acerca de su lucha para librarse de los esteroides anabolizantes. Y ella, de cierto modo, se siente reconfortada por saber que no está sola en esa lucha. Ahora ya sabe que muchos otros jóvenes enfrentan problemas semejantes. Y está segura de que va a superar el suyo. Se siente más segura y también a gusto para contar sus problemas a Mateus.

Después de algunos meses encontrándose en el consultorio de la terapeuta, Mateus invita a Cris a su fiesta de cumpleaños. Ella acepta.

Al llegar a casa de Mateus, este le presenta a sus padres, sus hermanas y sus amigos. Ella tiene una sensación de inseguridad e incomodidad por estar entre tantas personas desconocidas, pero la amabilidad de la familia de Mateus la ayuda a acabar con el malestar inicial.

El padre de Mateus le pregunta si ella es compañera de aula de su hijo. Cris responde:

—No. En realidad, somos compañeros de consultorio. Vamos a la misma psicoterapeuta.

La pareja sonríe. La madre de Mateus la abraza y le dice:

—Siéntete como en tu casa. Es un placer tenerte aquí, Cris. Mateus ya me había hablado de ti. ¡No imaginaba que fueras tan guapa!

Cris todavía no sabe muy bien de qué hablar con sus nuevos amigos, que desde el principio le parecen bastante agradables. Su timidez también la mantiene un poco alejada de los grupitos. Mateus, entonces, se ofrece para ir a buscarle una bebida.

Mientras tanto, Cris camina por el pasillo, mirando algunos cuadros de la pared, y llega a una pequeña sala, que parece una biblioteca. Al entrar, sus ojos inmediatamente se dirigen hacia un portarretratos que está en la estantería. Cris se aproxima y se lleva una sorpresa: ve allí una foto de Leticia. Sí, ¡es ella! Cris, incrédula, permanece admirando aquel rostro de líneas agradables y mirada tranquila que parece sonreírle e imaginando si Leticia será pariente de Mateus.

Mateus entra en la sala con dos vasos en las manos, buscándola. Ella le pide disculpas por haber invadido aquella sala mientras lo esperaba. Mateus la invita a volver a la sala para unirse al grupo de amigos.

Cris, ansiosa, resuelve preguntar quién es la mujer de la foto. Mateus explica:

—Era la mejor amiga de mi madre. Siempre lista para ayudar a todo el mundo. Mis hermanas y yo incluso la llamábamos tía.

—¿Era? —le pregunta Cris.

—Hace mucho tiempo que no la vemos. Se fue a vivir al extranjero. Todos lo sentimos mucho cuando se fue, especialmente mi madre. Ellas eran como hermanas. Al principio, se intercambiaban cartas y se llamaban por teléfono siempre. Pero el tiempo fue pasando y los contactos fueron disminuyendo...

Cris casi no consigue hablar. No se trata de mera semejanza. La mujer del retrato es Leticia, está segura.

Los dos vuelven a la sala. Tras unos tragos de refresco, Cristina consigue recomponerse de la sorpresa.

Algunas semanas más tarde, Cris y Mateus comienzan a salir juntos. Ella ya no se siente fea ni insegura como antes. Se mira al espejo con vanidad. Ya ha engordado algunos kilos, y la terapia la ha ayudado a construir la autoestima que nunca tuvo. Comienza a gustarle su propio cuerpo. Con el auxilio de la dermatóloga de su hermana, su piel ya está mucho mejor, casi igual a la de Laura. El color ha vuelto a su rostro y ya no siente más taquicardia o mareos. Ha dormido y comido bien. Ahora, cuando se acuesta, piensa en su futura carrera de arquitecta y en Mateus. Sí, ya se ha decidido: ¡va a estudiar arquitectura! La carrera de modelo ahora es apenas un sueño distante.

Cris continúa amiga de Luz, Mercedes, Ivana y Rita. Las demás compañeras del aula ya no se burlan de ella. Ellas nunca serán amigas, es verdad, pero la animosidad de otros tiempos se ha acabado.

Tras un año saliendo juntos, Cris y Mateus decidieron crear una página web informativa, con datos y consejos sobre los riesgos de las dietas realizadas sin la supervisión de médicos y nutricionistas, así como sobre el riesgo de los ejercicios físicos y del uso de drogas sin orientación y control de profesionales del área de la salud. Después de buscar mucho en Internet y en varias publicaciones especializadas, y de conversar con varios especialistas, iniciaron la página web así:

Ganar a cualquier precio

Delgados, guapos e infelices

Muchos atletas consumen drogas antes de competiciones deportivas. Algunas de esas drogas se usan para aumentar la masa muscular, o para dar al atleta energía adicional. También se usan otros medicamentos, tales como analgésicos, para aliviar el dolor de lesiones causadas por el deporte o por el exceso de ejercicio durante los entrenamientos, o tranquilizantes. La mayoría de ellas es ilegal.

Los esteroides anabolizantes se asemejan a las hormonas masculinas. Muchos chicos toman esteroides para desarrollar musculatura fuerte y apta para el deporte. Pero el uso continuado de estas drogas potentes puede debilitar el organismo, causando cáncer de hígado en los hombres e infertilidad en las mujeres. La agresividad es otro síntoma común, en ambos sexos.

Los betabloqueadores son drogas recetadas por médicos para personas portadoras de problemas cardíacos o presión arterial elevada. Por tener función calmante y aliviar el estrés, son usados en competiciones por practicantes de *snooker* y por arqueros, deportistas que necesitan manos firmes y mucha calma para competir.

Los estimulantes parecen dar mucha energía pero, en realidad, la "roban" del organismo. Es común que los usuarios de anfetaminas se sientan exhaustos y sin ánimo para las actividades rutinarias. Otra grave consecuencia de esas drogas es el ataque cardíaco durante competiciones deportivas en que es grande el esfuerzo realizado por el atleta. Tres famosos atletas murieron en el transcurso de competiciones: el ciclista británico Tommy Simpson, el jugador de baloncesto norteamericano Len Bias y la velocista Florence Griffith-Joyner.

Las cirugías y la práctica de dietas abusivas acompañadas de medicamentos pueden cambiar la imagen, pero no la autoimagen. Apenas una buena terapia puede ayudar a resolverlo.

El índice internacionalmente aceptado para medir el grado de obesidad es el índice de masa corporal (IMC), obtenido por la división del peso (en kilogramos) por la altura al cuadrado (en centímetros). Lo normal está entre 18,5 y 24,9.

De los jóvenes que adoptan métodos de modelaje corporal, apenas el 15,86% hace con orientación médica. Según el estudio, "la mayoría consume sustancias, incluso drogas pesadas, porque ha oído decir que 'es bueno' o porque los amigos las consumen". Lo mismo vale para las dietas sin orientación médica.

42

GLOSARIO

Abreviatura usada:
fig. = em sentido figurado.

Adelgazar: emagrecer.
Aficionado: que demonstra simpatia por.
Ahínco: afinco, grande empenho.
Alabar: elogiar.
Alboroto: alvoroço, tumulto.
Avergonzarse: sentir vergonha.
Balbucir: balbuciar.
Basta: que dá a entender desagrado ou ordem de que se acabe algo.
Burla: zombaria, gozação.
Burlarse: zombar, debochar.
Complejo: complexo.
Cuchichear: cochichar.
Creído(a): presunçoso(a).
Delgado: magro.
Delgaducha: magricela.
Desaliñado: desarrumado.
Desaliño: descuido nas roupas.
Desapercibido: desprevenido.
Desgalichado: desarrumado.
Desgarbado: deselegante.
Enorgullecerse: orgulhar-se.
Envidia: inveja.
Envidiable: invejável.
Exultante: cheio de alegria.
Goce: prazer.
Grandullona: grandalhona.
Holgada: folgada, larga.
Jactarse: vangloriar-se.

Jersey: blusa de lã.
Loca de ganas: morta de vontade.
Mantenerse alejado: manter-se a distância.
Niñata: jovem presunçosa.
Ojera: olheira.
Orgullo: orgulho.
Parecer majo: fig. parecer bonito.
Párpado: pálpebra.
Pesadilla: pesadelo.
Pija: "patricinha".
Piropo: galanteio, elogio.
Porte: porte, postura.
Presumir: vangloriar-se.
Presunción: presunção.
Presuntuoso: presunçoso.
Raro(a): pouco comum.
Regocijo: regozijo.
Relajación: relaxamento.
Sentirse acomplejado: sentir-se complexado.
Sentirse extenuado: sentir-se muito cansado.
Sosa: fig. sem graça.
Temblar: tremer.
Trémulo(a): trêmulo(a).
Tentempié: lanche.
Vanagloriarse: vangloriar-se.
Vergüenza: vergonha.

ACTIVIDADES

1. **Comprensión de la lectura**

    1.1 ¿Por qué, para Cristina, llegar a casa es siempre un alivio?
    a) Porque cuando llega a casa Cristina puede olvidarse de lo violento que es el mundo afuera.
    b) Porque cuando llega a casa, por momentos, ella se olvida que está insatisfecha con su apariencia.
    c) Porque cuando llega a casa el amor de su familia le ayuda a olvidarse de su insatisfacción con su apariencia.

    1.2 ¿Por qué en el colegio los chicos no se aproximan a Cristina?
    a) Porque ella es muy malhumorada.
    b) Porque ella es gorda.
    c) Porque ella es fea.

    1.3 ¿Qué le aconseja Roberto a Mateus para aumentar su musculatura?
    a) Tomar medicamentos sin receta médica.
    b) Frecuentar el gimnasio todos los días.
    c) Tener una alimentación más completa.

    1.4 Analiza las siguientes afirmaciones y marca V (verdadero) o F (falso) según corresponda.
    (   ) a) El gran sueño de Cristina es ser delgada, elegante y una modelo famosa.
    (   ) b) Cristina logra adelgazar siguiendo una dieta saludable y balanceada y practicando ejercicios físicos.
    (   ) c) Mateus y Cristina se conocieron y se hicieron amigos en el gimnasio donde ambos iban a practicar ejercicios.
    (   ) d) La ingestión de medicamentos para acelerar la pérdida de peso le ocasionó a Cristina diversos problemas de salud.
    (   ) e) Mateus y Cristina crearon una página web para ayudar a los jóvenes a librarse de las drogas.

    1.5 Justifica las opciones que marcaste con F.

2. Gramática

2.1 Completa la siguiente frase extraída del texto, eligiendo la opción correcta.

"Impulsada por su sueño de desfilar, Cris piensa que si realmente _____ adelgazar _____ participar en el concurso".

a) consiguió / puedría
b) consiguiese / podría
c) conseguiría / pudiese

2.2 A continuación transcribimos un diálogo entre Cris y su amiga Luz. Marca a seguir la opción correcta.

Cris: ¿Pero cómo voy a conseguir el medicamento?
Luz: No te preocupes.
 a) Yo te lo encargo.
 b) Yo encárgotelo.
Cris: Creo que
 c) voy a lo probar.
 d) voy a probarlo.
 e) estoy necesitándolo de verdad, ¿no crees?
 f) estoy necesitando de verdad, ¿no crees?

( ) a – d – e
( ) b – d – e
( ) a – d – f

2.3 En el siguiente fragmento extraído del texto hemos eliminado los acentos. Coloca los acentos (10) según corresponda y luego verifica tu respuesta.

Tras algunas dosis del medicamento que Luz le proporciono, Cris comienza a sentir la boca seca y a tardar para dormir. Se lo comenta a Luz, que la tranquiliza diciendole que es normal. Con el pasar de los dias, ya es nitida su perdida de peso. Ella casi no siente mas hambre, pero esta nerviosa. Incentivada por la amiga, pasa a frecuentar el gimnasio tres vezes por semana, en vez de dos. Cree que, cansandose mas, conseguira dormir mejor.

2.4 Lee con atención el siguiente fragmento adaptado del texto. Para cada espacio numerado, marca la opción correcta.

Así, ___ 1 los ojos cerrados ante el espejo, Cristina piensa en la profesión de ___ 2 sueños: modelo. Sueña con poder desfilar, viajar, ser admirada en revistas de moda ___ 3 de famosos. No es el dinero que obtendrá ___ 4 que la atrae, ___ 5 la sofisticación, el glamour de la profesión.

1. ( ) por   ( ) son   ( ) sin
2. ( ) sus   ( ) su   ( ) mis
3. ( ) e   ( ) y   ( ) o
4. ( ) el   ( ) la   ( ) lo
5. ( ) sí   ( ) sino   ( ) si no

3. **Práctica de escritura**

   3.1 En el texto la autora dice: "Cris sabe que todo en la vida tiene un precio. La ansiedad y la falta de sueño son el precio que está pagando para alcanzar su objetivo".

   En tu opinión, ¿vale la pena sacrificar la salud para alcanzar un cuerpo perfecto? Justifica tu respuesta con no más de 30 palabras.

   3.2 ¿Cómo es en tu escuela? ¿También los(as) chicos(as) hacen culto al cuerpo perfecto? ¿A semejanza de Cristina, los(as) chicos(as) más gorditos(as) son discriminados? ¿Cuál es tu opinión al respecto?

3.3 Explica qué entiendes de la frase subrayada: "Ya ha alcanzado (Mateus) su objetivo —bíceps, tórax y muslos bien desarrollados— <u>pero no consigue saborear la satisfacción de haber logrado lo que tanto había deseado</u>".

_____
_____
_____
_____
_____
_____

4. **Amplía tu información**

   4.1 Entra al sitio www.obesidad.net y busca información sobre el tema de la obesidad.
   Luego responde:

   4.2 ¿Qué significa IMC? ¿Cómo se calcula?

   4.3 Busca información sobre algunas enfermedades relacionadas con hábitos alimenticios inadecuados y explica brevemente sus síntomas, complicaciones y tratamientos.

   4.4 Debate con tus colegas de clase acerca de los siguientes temas: obesidad, causas, medios para evitarla, dietas, práctica de ejercicios físicos, enfermedades, culto al cuerpo perfecto y otros asuntos relacionados que juzgues de interés.